TRANSLATED

Translated Language Learning

The Country of the Blind

Країна сліпих

H.G. Wells

English / українська

Copyright © 2023 Tranzlaty
All rights reserved.
Published by Tranzlaty
ISBN: 978-1-83566-205-2
Original text by H.G. Wells
The Country of the Blind
First published in English in 1904
www.tranzlaty.com

the Country of the Blind
Країна сліпих

Three hundred miles and more from Chimborazo
Триста миль і більше від Чимборасо
one hundred miles from the snows of Cotopaxi
сто миль від снігів Котопаксі
in the wildest wastes of Ecuador's Andes
у найдикіших пустках Анд Еквадору
cut off from all the world of men
відрізаний від усього світу людей
there lies the mysterious mountain valley
Там лежить таємнича гірська долина
the Country of the Blind
Країна сліпих
Long years ago, that valley was open to the world
Давним-давно ця долина була відкрита для світу
men came through frightful gorges and over an icy pass
Чоловіки йшли через страшні ущелини і через крижаний перевал
from there they could get into the valley's equable meadows
Звідти вони могли потрапити на рівні луки долини
and men did indeed come to the valley this way
І справді люди прийшли в долину таким шляхом
some families of Peruvian half-breeds came
приходили деякі сім'ї перуанських напівкровок
they were fleeing from the tyranny of an evil Spanish ruler
вони рятувалися втечею від тиранії злого іспанського правителя
Then came the stupendous outbreak of Mindobamba

Потім стався грандіозний спалах Міндобамби
it was night in Quito for seventeen days
Сімнадцять днів у Кіто була ніч
and the water was boiling at Yaguachi
і вода закипіла в Ягуачі
the fish were dying as far as Guayaquil
риба гинула аж до Гуаякіля
everywhere along the Pacific slopes there were landslips
повсюдно на схилах Тихого океану були зсуви
and there was swift thawings and sudden floods
І були швидкі відлиги та раптові повені
one whole side of the old Arauca crest slipped
одна ціла сторона старого герба арауки зісковзнула
it all came down in a thunderous moment
Все зійшло в одну грозову мить
this cut off access to the Country of the Blind for ever
це назавжди відрізало доступ до Країни сліпих
the exploring feet of men wondered that way no more
Ноги людей, що досліджували ноги, більше не дивувалися цьому
But one of these early settlers happened to be close by
Але один з цих перших поселенців випадково опинився неподалік
he was on the other side of the gorges that day
Того дня він був по той бік ущелин
the day that the world had so terribly shaken itself
День, коли світ так жахливо потряс сам себе
he had to forget his wife and his children
Йому довелося забути дружину і дітей
and he had to forget all his friends and possessions
І він мусив забути всіх своїх друзів і майно
and he had to start life over again

І йому довелося починати життя спочатку
a new life in the lower world
Нове життя в нижньому світі
but illness and blindness took hold of him
Але хвороба і сліпота оволоділи ним
and he died of punishment in the mines
І помер він від покарання в копальнях
but the story he told begot a legend
Але історія, яку він розповів, породила легенду
a legend that lingers to this day
Легенда, яка збереглася до наших днів
and it travels the length of Andes
і він подорожує по довжині Анд
He told of his reason for venturing back from that fastness
Він розповів про причину, чому наважився відійти від цього посту
the place into which he had been carried
місце, куди його занесли
he had been taken to that place as a child
Його забрали туди ще в дитинстві
lashed to a llama, beside a vast bale of gear
прив'язаний до лами, поруч із величезною копицею снастей
He said the valley had all that the heart of man could desire
Він сказав, що в долині є все, чого тільки може бажати людське серце
sweet water, pasture, an even climate
солодка вода, пасовище, рівний клімат
slopes of rich brown soil and tangles of a shrub
схили насиченого коричневого ґрунту і клубки чагарнику

he spoke of bushes that bore an excellent fruit
Він говорив про кущі, які приносили відмінні плоди
on one side there were great hanging forests of pine
З одного боку росли великі висячі соснові ліси
the pine had held the avalanches high
Сосна високо тримала лавини
Far overhead, on three sides, there were vast cliffs
Далеко над головою, з трьох боків, виднілися величезні скелі
they were of a grey-green rock
Вони були з сіро-зеленої скелі
and at the top there were caps of ice
А вгорі були крижані шапки
but the glacier stream came not to them
Але льодовиковий потік прийшов не до них
it flowed away by the farther slopes
Вона текла дальшими схилами
and only now and then huge ice masses fell
І тільки раз у раз падали величезні крижані маси
In this valley it neither rained nor snowed
У цій долині не було ні дощу, ні снігу
but the abundant springs gave a rich green pasture
Але рясні джерела давали багате зелене пасовисько
their irrigation spread over all the valley space
Їх зрошення поширилося по всьому простору долини
The settlers there did well indeed
Тамтешні поселенці справді добре впоралися
Their beasts did well and multiplied
Їхні звірі добре вчинили і розмножилися
only one thing marred their happiness
Тільки одне затьмарило їхнє щастя
And it was enough to mar their happiness greatly

І цього було досить, щоб сильно зіпсувати їхнє щастя
A strange disease had come upon them
Дивна хвороба спіткала їх
it made all their children blind
Це зробило всіх їхніх дітей сліпими
He was sent to find some charm or antidote
Його послали знайти якусь чарівність або протиотруту
a cure against this plague of blindness
ліки від цієї чуми сліпоти
so he returned down the gorge
І він повернувся вниз по ущелині
but not without fatigue, danger, and difficulty
Але не без втоми, небезпеки і труднощів
In those days men did not think of germs
У ті часи люди не думали про мікроби
sin explained why this had happened
Сін пояснив, чому так сталося
this is what he thought too
Так він теж думав
there was a cause for this affliction
Для цього лиха була причина
the immigrants had been without a priest
Іммігранти залишилися без священика
they had failed to set up a shrine
Вони не змогли встановити святиню
this should have been the first thing they did
Це мало бути перше, що вони зробили
He wanted to build a shrine
Він хотів побудувати святиню
a handsome, cheap, effectual shrine
Красива, дешева, ефектна святиня
he wanted it to be erected in the valley

Він хотів, щоб його звели в долині
he wanted relics and such-like
Він хотів реліквій і тому подібного
he wanted potent things of faith
Він прагнув сильних речей віри
he wanted blessed objects and mysterious medals
Він хотів благословенних предметів і таємничих медалей
and he felt they needed prayers
І він відчував, що їм потрібні молитви
In his wallet he had a bar of silver
У гаманці у нього був злиток срібла
but he would not say from where it was
Але він не сказав, звідки це було
he insisted there was no silver in the valley
Він наполягав на тому, що в долині немає срібла
and he had the insistence of an inexpert liar
І він наполягав на тому, що він недосвідчений брехун
They had collected their money and ornaments
Вони зібрали свої гроші та прикраси
he said they had little need for such treasure
Він сказав, що вони не мають особливої потреби в таких скарбах
he told them he would buy them holy help
Він сказав їм, що купить їм святу допомогу
even though this was against their will
Хоча це було проти їхньої волі
he was sunburnt, gaunt, and anxious
Він був засмаглий, виснажений і стривожений
he was unused to the ways of the lower world
Він не звик до шляхів нижнього світу
clutching his hat feverishly he told his story

Гарячково стискаючи капелюха, він розповів свою історію
he told his story to some keen-eyed priest
Він розповів свою історію якомусь пильному священику
he secured some holy remedies
Він забезпечив собі деякі святі ліки
blessed water, statues, crosses and prayer books
освячена вода, статуї, хрести і молитовники
and he sought to return and save his people
і він прагнув повернутися і спасти свій народ
he came to the where the gorge had been
Він прийшов туди, де була ущелина
but in front of him was a mass of fallen stone
Але перед ним стояла маса поваленого каменю
imagine his infinite dismay
Уявіть собі його безмежне збентеження
he had been expelled by nature from his land
Він був вигнаний природою зі своєї землі
But the rest of his story of mischances is lost
Але решта його історії про невдачі втрачена
all we know of is his evil death after several years
Все, про що ми знаємо, це його злісна смерть через кілька років
a poor stray from that remoteness!
Бідолашний приблуда з тієї далекості!
The stream that had once made the gorge diverted
Струмок, який колись утворив ущелину, відхилився
now it bursts from the mouth of a rocky cave
Тепер він виривається з пащі скелястої печери
and the legend of his story took on its own life
І легенда про його історію набула власного життя
it developed into the legend one may still hear today

Це переросло в легенду, яку можна почути і сьогодні
a race of blind men "somewhere over there"
Раса сліпців «десь там»
the little population was now isolated
Невелика популяція тепер була ізольована
the valley was forgotten by the outside world
Долина була забута зовнішнім світом
and their disease ran its course
І їхня хвороба вичерпала себе
The old had to grope to find their way
Старим доводилося навпомацки шукати дорогу
the young could see a little, but dimly
Молоді бачили трохи, але тьмяно
and the newborns never saw at all
А новонароджені взагалі ніколи не бачили
But life was very easy in the valley
Але життя в долині було дуже легким
there were neither thorns nor briars
Не було ні колючок, ні шипшини
there were no evil insects in the land
Злих комах на землі не було
and there were no dangerous beasts
І не було небезпечних звірів
a gentle breed of llamas grazed the valley
Ніжна порода лам паслася в долині
those that could see had become purblind gradually
Ті, хто міг бачити, поступово ставали пурпуровими
so their loss was scarcely noticed
Тож їхня втрата майже не помічалася
The elders guided the sightless youngsters
Старійшини вели незрячих юнаків
and the young soon knew the whole valley marvellously

І скоро молодь чудово пізнала всю долину
even when the last sight died out, the race lived on
Навіть коли останній зір згас, гонка продовжувала жити
There had been enough time to adapt
Часу на адаптацію було достатньо
they learned the control of fire
Вони навчилися керувати вогнем
they carefully put it in stoves of stone
Дбайливо кладуть його в кам'яні печі
at first they were a simple strain of people
Спочатку вони були простим штамом людей
they had never had books or writing
У них ніколи не було ні книжок, ні письменницької діяльності
and they were only slightly touched by Spanish civilisation
і їх лише трохи торкнулася іспанська цивілізація
although they had some of the Peruvian traditions and arts
хоча вони мали деякі перуанські традиції та мистецтво
and they kept some of those philosophies alive
І вони зберегли деякі з цих філософій
Generation followed generation
Покоління за поколінням
They forgot many things from the world
Вони багато чого забули зі світу
but they also devised many new things
Але вони також винайшли багато нового
the greater world they came from became mythical
Великий світ, з якого вони прийшли, став міфічним
colours and details were uncertain

Кольори та деталі були невизначеними
and reference to sight became a metaphor
А посилання на зір стало метафорою
In all things apart from sight they were strong and able
У всьому, крім зору, вони були сильні і здібні
occasionally one with an original mind was born to them
Іноді у них народжувалася людина з оригінальним розумом
someone who could talk and persuade
Хтось, хто вмів говорити і переконувати
These passed away, leaving their effects
Вони зникли, залишивши по собі наслідки
and the little community grew in numbers
І маленька громада зростала чисельно
and their understanding of their world grew
і їхнє розуміння свого світу зросло
and they settled social and economic problems that arose
і вони вирішували соціально-економічні проблеми, що виникали
Generations followed more generations
Покоління йшли за новими поколіннями
fifteen generations had passed since that ancestor left
П'ятнадцять поколінь минуло з того часу, як цей предок пішов
the ancestor who took the bar of silver
Предок, який узяв злиток срібла
the ancestor who went to find God's aid
предок, який пішов шукати Божої допомоги
the ancestor who never returned to the valley
Предок, який так і не повернувся в долину
but fifteen generations later a new man came

Але через п'ятнадцять поколінь з'явилася нова людина
a man from the outside world
Людина із зовнішнього світу
a man who happened to find the valley of the blind
Чоловік, який випадково знайшов долину сліпих
this is the story of that man
Це історія цього чоловіка

He was a mountaineer from the country near Quito
Він був альпіністом з країни поблизу Кіто
a man who had been down to the sea
Чоловік, який спустився до моря
a man who had seen the world
Людина, яка бачила світ
a reader of books in an original way
читач книг оригінальним способом
an acute and enterprising man
Кмітливий і заповзятливий чоловік
he had been taken on by a party of Englishmen
його взяла на себе партія англійців
they had come out to Ecuador to climb mountains
вони вийшли до Еквадору, щоб піднятися в гори
he replaced one of their guides who had fallen ill
Він замінив одного з їхніх провідників, який захворів
He had climbed many mountains of the world
Він піднявся на багато гір світу
and then came the attempt at Mount Parascotopetl
а потім була спроба піднятися на гору Параскотоптль
this was the Matterhorn of the Andes
це був Маттерхорн Анд
here he was lost to the outer world

Тут він був загублений для зовнішнього світу
The story of that accident has been written a dozen times
Історія того нещасного випадку була написана з десяток разів
Pointer's narrative is the best account of events
Розповідь Пойнтера – найкращий виклад подій
He tells about the small group of mountaineers
Він розповідає про невелику групу альпіністів
he describes their difficult and almost vertical way up
Він описує їх важкий і майже вертикальний шлях вгору
to the very foot of the last and greatest precipice
до самого підніжжя останньої і найбільшої прірви
his account tells of how they built a night shelter
У його розповіді розповідається про те, як вони побудували притулок для ночівлі
amidst the snow upon a little shelf of rock
серед снігу на невеличкій кам'яній полиці
he tells the story with a touch of real dramatic power
Він розповідає історію з відтінком справжньої драматичної сили
Nunez had gone from them in the night
Нуньєс пішов від них уночі
They shouted, but there was no reply
Вони кричали, але відповіді не було
and for the rest of that night they slept no more
І решту тієї ночі вони вже не спали
As the morning broke they saw the traces of his fall
Коли настав ранок, вони побачили сліди його падіння
It seems impossible he could have uttered a sound

Здається неможливим, щоб він вимовив жодного звуку
He had slipped eastward
Він прослизнув на схід
towards the unknown side of the mountain
На невідомому боці гори
far below he had struck a steep slope of snow
Далеко внизу він натрапив на крутий схил снігу
and he must have tumbled all the way down it
І він, мабуть, упав аж униз
in the midst of a snow avalanche
Посеред снігової лавини
His track went straight to the edge of a frightful precipice
Його слід йшов прямо до краю страшної прірви
and beyond that everything was hidden
А поза тим все було приховано
Far below, and hazy with distance, they could see trees rising
Далеко внизу, в тумані від далечінь, вони бачили дерева, що здіймалися
out of a narrow, shut-in valley
з вузької, замкненої долини
the lost Country of the Blind
загублена країна сліпих
But they did not know it was the Country of the Blind
Але вони не знали, що це Країна сліпих
they could not distinguish it from any other narrow valley
Вони не могли відрізнити її від будь-якої іншої вузької долини
Unnerved by this disaster, they abandoned their attempt

Збентежені цим лихом, вони покинули свою спробу
and Pointer was called away to the war
і Пойнтер був покликаний на війну
later he did make another attempt at the mountain
Пізніше він зробив ще одну спробу піднятися на гору
To this day Parascotopetl lifts an unconquered crest
До цього дня Параскотоптль піднімає нескорений гребінь
and Pointer's shelter crumbles unvisited, amidst the snows
і притулок Пойнтера розсипається без нагляду, серед снігів
And the man who fell survived...
А чоловік, який впав, вижив...

At the end of the slope he fell a thousand feet
В кінці схилу він впав на тисячу футів
he came down in the midst of a cloud of snow
Він спустився посеред хмари снігу
he landed on a snow-slope even steeper than the one above
Він приземлився на сніговому схилі, ще крутішому за той, що вище
Down this slope he was whirled
Вниз по цьому схилу його закружляло
the fall stunned him and he lost consciousness
Падіння приголомшило його, і він втратив свідомість
but not a bone in his body was broken
Але жодна кістка в його тілі не була зламана
finally, he fell down the gentler slopes
Нарешті він упав з пологих схилів
and at last he laid still
І нарешті він лежав нерухомо

he was buried amidst a softening heap of the white snow
Він був похований серед м'якої купи білого снігу
the snow that had accompanied and saved him
Сніг, який супроводжував і рятував його
He came to himself with a dim fancy that he was ill in bed
Він прийшов до тями з тьмяною уявою, що йому погано в ліжку
then he realized what had happened
Тоді він зрозумів, що сталося
with a mountaineer's intelligence he worked himself loose
З розумом альпініста він розв'язався
from the snow he saw the stars
Зі снігу він побачив зорі
He rested flat upon his chest
Він лежав на грудях
he wondered where he was
Він дивувався, де він
and he wondered what had happened to him
І він здивувався, що з ним сталося
He explored his limbs to check for damage
Він обстежив свої кінцівки, щоб перевірити, чи немає пошкоджень
he discovered that several of his buttons were gone
Він виявив, що кілька його ґудзиків зникли
and his coat was turned over his head
І плащ його був перевернутий на голову
His knife had gone from his pocket
Ніж вилетів з кишені
and his hat was lost too
І капелюх у нього теж загубився

even though he had tied it under his chin
Хоча він зав'язав її під підборіддям
He recalled that he had been looking for loose stones
Він пригадав, що шукав сипучі камені
he wanted to raise his part of the shelter wall
Він хотів підняти свою частину стіни укриття
He realized he must have fallen
Він зрозумів, що, мабуть, упав
and he looked up to see how far he had fallen
І він підвів очі, щоб побачити, як далеко він упав
the cliff was exaggerated by the ghastly light of the rising moon
Скеля була перебільшена жахливим світлом місяця, що сходив
the fall he had taken was tremendous
Падіння, яке він прийняв, було величезним
For a while he lay without moving
Якийсь час він лежав, не рухаючись
he gazed blankly at the vast, pale cliff
Він тупо дивився на величезну бліду скелю
the mountain towered above him
Гора височіла над ним
each moment it looked like it kept rising
З кожною миттю здавалося, що вона продовжує зростати
rising out of a subsiding tide of darkness
Підіймається з припливу темряви, що вщухає
Its phantasmal, mysterious beauty held him
Його примарна, таємнича краса тримала його
and then he was seized with sobbing laughter
А потім його охопив ридаючий сміх
After a great interval of time he became more aware

Через великий проміжок часу він став більш усвідомленим

he was laying near the lower edge of the snow

Він лежав біля нижнього краю снігу

Below him the slope looked less steep

Під ним схил виглядав менш крутим

he saw the dark and broken appearance of rock-strewn turf

Він побачив темний і розбитий вигляд усипаного камінням дерну

He struggled to his feet, aching in every joint

Він ледве тримався на ногах, болів у кожному суглобі

he got down painfully from the heaped loose snow

Він болісно спустився з насипаного пухкого снігу

and he went downward until he was on the turf

І він спустився вниз, аж поки не опинився на дерні

there he dropped beside a boulder

Там він упав біля валуна

he drank from the flask in his inner pocket

Він пив з фляги у внутрішній кишені

and he instantly fell asleep

І він вмить заснув

He was awakened by the singing of birds

Його розбудив спів птахів

they were in the trees far below

Вони були на деревах далеко внизу

He sat up and perceived he was on a little alp

Він сів і зрозумів, що знаходиться на маленькому альпі

at the foot of a vast precipice

біля підніжжя величезної прірви

a precipice that sloped only a little in the gully

урвища, що лише трохи нахилилася в балці
the path down which he and his snow had come
стежка, якою він і його сніг пройшли
against him another wall of rock reared itself against the sky
Проти нього на тлі неба піднялася ще одна кам'яна стіна
The gorge between these precipices ran east and west
Ущелина між цими урвищами пролягала на схід і захід
and it was full of the morning sunlight
І він був сповнений ранкового сонячного світла
the sunlight lit the westward mass of fallen mountain
Сонячне світло освітлювало західну масу поваленої гори
he could see it closed the descending gorge
Він бачив, як вона закривала ущелину, що спускалася вниз
Below there was a precipice equally steep
Внизу була прірва, не менш крута
behind the snow in the gully he found a sort of chimney-cleft
За снігом у яру він знайшов якусь щілину димаря
it was dripping with snow-water
З нього капала снігова вода
a desperate man might be able to venture it
Відчайдушна людина може наважитися на це
He found it easier than it seemed
Йому було простіше, ніж здавалося
and at last he came to another desolate alp
І нарешті він дійшов до іншої безлюдної Альпи
there was a rock climb of no particular difficulty
Було скелелазіння без особливих труднощів

and he reached a steep slope of trees
І дійшов він до крутого схилу дерев
from here he was able to get his bearings
Звідси він зміг зорієнтуватися
he turned his face up the gorge
Він повернувся обличчям до ущелини
he saw it opened into green meadows
Він побачив, як вона відкрилася в зелені луки
there he saw quite distinctly the glimmer of some stone huts
Там він досить виразно побачив мерехтіння якихось кам'яних хатин
although the huts looked very strange
Хоча хати виглядали дуже дивно
even from a distance they didn't look like normal huts
Навіть здалеку вони не були схожі на звичайні хатинки
At times his progress was like clambering along the face of a wall
Іноді його рух був схожий на стрибок по стіні
and after a time the rising sun ceased to strike along the gorge
А через деякий час сонце, що сходить, перестало бити по ущелині
the voices of the singing birds died away
Стихли голоси співочих пташок
and the air grew cold and dark
І повітря стало холодним і темним
But the distant valley with its houses got brighter
Але далека долина з її будиночками ставала світлішою
He came to the edge of another cliff
Він підійшов до краю іншої скелі

he was an observant man
Він був спостережливою людиною
among the rocks he noted an unfamiliar fern
Серед скель він помітив незнайому папороть
it seemed to clutch out of the crevices with intense green hands
Здавалося, він вилазив із щілин інтенсивними зеленими руками
He picked some of these new plants
Він вибрав кілька з цих нових рослин
and he gnawed their stalks
І він гриз їхні стебла
they gave him strength and energy
Вони надавали йому сил і енергії

About midday he came out of the throat of the gorge
Близько полудня він вийшов з горла ущелини
and he came into the plain of the valley
І ввійшов він у рівнину долини
here he was in the sunlight again
Ось він знову опинився на сонячному світлі
He was stiff and weary
Він був задубілий і стомлений
he sat down in the shadow of a rock
Він сів у тіні скелі
he filled up his flask with water from a spring
Він наповнив свою флягу водою з джерела
and he drank the spring water
І пив він джерельну воду
he remained where he was for some time
Деякий час він залишався там, де був
before going to the houses he had decided to rest

Перед тим, як піти по будинках, він вирішив відпочити
They were very strange to his eyes
Вони були дуже дивні для його очей
the more he looked around, the stranger the valley seemed
Чим більше він озирався навколо, тим дивнішою здавалася долина
The greater part of its surface was lush green meadow
Більшу частину його поверхні займав буйний зелений луг
it was starred with many beautiful flowers
Він був усіяний безліччю прекрасних квітів
extraordinary care had been taken for the irrigation
Надзвичайна увага приділялася зрошенню
and there was evidence of systematic cropping
і були дані про систематичне обрізання
High up around the valley was a wall
Високо навколо долини була стіна
there also appeared to be a circumferential water channel
Також з'явився окружний водний канал
the little trickles of water fed the meadow plants
Маленькі цівки води живили лугові рослини
on the higher slopes above this were flocks of llamas
На більш високих схилах вище розташовувалися зграї лам
they cropped the scanty herbage
Вони обрізали мізерний травостій
there were some shelters for the llamas
Для лам знайшлося кілька притулків
they had been built against the boundary wall
Вони були збудовані біля прикордонної стіни

The irrigation streams ran together into a main channel
Зрошувальні потоки збігалися в основне русло
these ran down the centre of the valley
Вони пролягали центром долини
and this was enclosed on either side by a wall chest high
І він був обгороджений з обох боків стіною заввишки зі скриню
This gave an urban quality to this secluded place
Це надавало урбаністичності цьому відокремленому місцю
a number of paths were paved with black and white stones
ряд доріжок був вимощений чорним і білим камінням
and the paths had a strange kerb at the side
А стежки мали дивний бордюр збоку
this made it seem even more urban
Це зробило його ще більш урбаністичним
The houses of the central village were not randomly arranged
Будинки центрального села були розташовані не випадково
they stood in a continuous row
Вони стояли в суцільний ряд
and they were on both sides of the central street
І вони були по обидва боки центральної вулиці
here and there the odd walls were pierced by a door
То тут, то там чудернацькі стіни пробивалися дверима
but there was not a single window to be seen
Але не було видно жодного вікна
They were coloured with extraordinary irregularity

Вони були забарвлені з надзвичайною нерівномірністю
they had been smeared with a sort of plaster
Вони були вимазані своєрідним пластиром
sometimes it was grey, sometimes drab
Іноді він був сірим, іноді сірим
sometimes it was slate-coloured
Іноді він був грифельного кольору
at other times it was dark brown
В інший час він був темно-коричневим
it was the wild plastering that first elicited the word blind
Саме дика штукатурка вперше викликала слово сліпий
"whoever did this must have been as blind as a bat"
«Той, хто це зробив, мабуть, був сліпий, як кажан»
but also notable was their astonishing cleanness
Але також примітною була їхня дивовижна чистота
He descended down a steep place
Він спустився вниз по крутому місцю
and so he came to the wall
І ось він підійшов до стіни
this wall led the water around the valley
Ця стіна вела воду по долині
and it ended near the bottom of the village
І закінчувалася вона біля підніжжя села

He could now see a number of men and women
Тепер він бачив багато чоловіків і жінок
they were resting on piled heaps of grass
Вони відпочивали на купах трави
they seemed to be taking a siesta
Вони начебто влаштовували сієсту

in the remoter part there were a number of children
У віддаленій частині перебувало багато дітей
and then, nearer to him, there were three men
А потім, ближче до нього, троє чоловіків
they were carrying pails along a little path
Вони несли відра маленькою стежкою
the paths ran from the wall towards the houses
Стежки пролягали від стіни до будинків
The men were clad in garments of llama cloth
Чоловіки були одягнені в одяг з тканини лами
and their boots and belts were of leather
А чоботи та пояси в них були шкіряні
and they wore caps of cloth
І носили вони шапки з сукна
They followed one another in single file
Вони йшли один за одним в одному ряду
they yawned as they slowly walked
Вони позіхали, повільно йдучи
like men who have been up all night
Як чоловіки, що не спали всю ніч
Their movement seemed prosperous and respectable
Їхній рух здавався благополучним і респектабельним
Nunez only hesitated for a moment
Нуньєс лише на мить завагався
and then he came out from behind his rock
І тоді він вийшов з-за своєї скелі
he gave vent to a mighty shout
Він дав волю могутньому крику
and his voice echoed round the valley
І голос його луною рознісся по долині
The three men stopped and moved their heads
Троє чоловіків зупинилися і поворухнули головами
They seemed to be looking around

Здавалося, вони озирнулися навколо
They turned their faces this way and that way
Вони повертали обличчя туди-сюди
and Nunez gesticulated wildly
і Нуньєс дико жестикулював
But they did not appear to see him
Але вони не бачили його
despite all his waving and gestures
Незважаючи на всі його махи руками і жестами
eventually they stood themselves towards the mountains
Врешті-решт вони самі стали до гір
these were far away to the right
Вони були далеко праворуч
and they shouted as if they were answering
І вони кричали, наче відповідали
Nunez bawled again, and he gestured ineffectually
Нуньєс знову зареготав, і той безрезультатно жестикулював
"The fools must be blind," he said
«Дурні, мабуть, сліпі», — сказав він
all the shouting and waving didn't help
Всі крики і махання руками не допомагали
so Nunez crossed the stream by a little bridge
Тож Нуньєс перетнув струмок маленьким містком
he came through a gate in the wall
Він увійшов через хвіртку в стіні
and he approached them directly
І він підійшов до них прямо
he was sure that they were blind
Він був упевнений, що вони сліпі
he was sure that this was the Country of the Blind
він був упевнений, що це Країна сліпих

the country of which the legends told
Країна, про яку розповідають легенди
he had a sense of great adventure
У нього було почуття великої пригоди

The three stood side by side
Троє стояли пліч-о-пліч
but they did not look at him
Але вони не дивилися на нього
however, their ears were directed towards him
Однак їхні вуха були спрямовані до нього
they judged him by his unfamiliar steps
Вони судили про нього за незнайомими кроками
They stood close together, like men a little afraid
Вони стояли близько один до одного, як чоловіки, трохи налякані
and he could see their eyelids were closed and sunken
І він бачив, що їхні повіки були заплющені й запалі
as though the very balls beneath had shrunk away
неначе самі кульки внизу відсахнулися
There was an expression near awe on their faces
На їхніх обличчях був вираз майже благоговіння
"A man," one said to the others
— Чоловік, — сказав один іншим
Nunez hardly recognized the Spanish
Нуньєс майже не впізнав іспанця
"A man it is. Or it a spirit"
"Чоловік це. Або це дух»
"he come down from the rocks"
«Він зійшов зі скель»
Nunez advanced with the confident steps
Нуньєс впевненими кроками просунувся вперед
like a youth who enters upon life

як юнак, що вступає в життя
All the old stories of the lost valley
Всі старі історії про загублену долину
all the stories of the Country of the Blind
всі історії Країни сліпих
it all come back to his mind
Все це повертається до його пам'яті
and through his thoughts ran an old proverb
І в його думках промайнуло старе прислів'я
"In the Country of the Blind..."
«У країні сліпих...»
"...the One-Eyed Man is King"
"... Одноокий Чоловік – Цар»
"In the Country of the Blind the One-Eyed Man is King"
«У країні сліпих одноокий — цар»
very civilly he gave them greeting
Він дуже ввічливо привітав їх
He talked to them and used his eyes
Він розмовляв з ними і дивився очима
"Where does he come from, brother Pedro?" asked one
«Звідки він, брате Педро?» — запитав один з них
"from out of the rocks"
«З-за скель»
"I come from over the mountains," said Nunez
— Я родом з-за гір, — сказав Нуньєс
"I'm from the country where where men can see"
«Я з тієї країни, де чоловіки бачать»
"I'm from a place near Bogota"
"Я з місця неподалік Боготи"
"there there are hundreds of thousands of people"
«Там сотні тисяч людей»
"the city is so big it goes over the horizon"

«Місто таке велике, що заходить за обрій»
"Sight?" muttered Pedro
«Зір?» — пробурмотів Педро
"He comes out of the rocks," said the second blind man
— Він виходить зі скель, — сказав другий сліпий
The cloth of their coats was curiously fashioned
Тканина їхніх пальт була цікаво викроєна
each patch was of a different sort of stitching
Кожна латка мала різний тип шва
They startled him by a simultaneous movement towards him
Вони налякали його одночасним рухом до нього
each of them had his hand outstretched
У кожного з них була простягнута рука
He stepped back from the advance of these spread fingers
Він відступив від просування цих розчепірених пальців
"Come hither," said the third blind man
— Іди сюди, — сказав третій сліпий
and he followed Nunez' motion
і він пішов за Нуньєсом
he quickly had hold of him
Він швидко схопив його
they held Nunez and felt him over
вони тримали Нуньєса і відчували його
they said no word further until they were done
Вони не сказали більше ні слова, поки не закінчили
"Careful!" he exclaimed, with a finger in his eye
«Обережно!» — вигукнув він з пальцем в оці
they had found a strange organ on him
Вони знайшли на ньому дивний орган
"it has fluttering skin"

«У нього тріпотить шкіра»
"it is very strange indeed"
"Це справді дуже дивно"
They went over it again
Вони знову перейшли через нього
"A strange creature, Correa," said the one called Pedro
— Дивне створіння, Корреа, — сказав той, кого звали Педро
"Feel the coarseness of his hair"
«Відчуйте грубість його волосся»
"it's like a llama's hair"
«Це як волосся лами»
"Rough he is as the rocks that begot him," said Correa
— Грубий він, як скелі, що його породили, — сказав Коррея
and he investigated Nunez's unshaven chin
і він оглянув неголене підборіддя Нуньєса
his hands were soft and slightly moist
Його руки були м'якими і злегка вологими
"Perhaps he will grow finer"
«Можливо, він стане кращим»
Nunez tried to free himself from their examination
Нуньєс намагався звільнитися від їхнього обстеження
but they had a firm grip on him
Але вони міцно тримали його в руках
"Careful," he said again "he speaks"
— Обережно, — знову сказав він, — він говорить.
"we can be sure that he is a man"
«Ми можемо бути певні, що він чоловік»
"Ugh!" said Pedro, at the roughness of his coat
— Тьху, — сказав Педро, побачивши шорсткість пальта
"And you have come into the world?" asked Pedro

«І ти прийшов у світ?» — запитав Педро
"I come from the world out there"
«Я походжу з далекого світу»
"I come from over mountains and glaciers"
«Я прийшов з-за гір і льодовиків»
"it is half-way to the sun"
«Це на півдорозі до сонця»
"Out of the great, big world that goes down"
«З великого, великого світу, що занепадає»
"twelve days' journey to the sea"
«Дванадцятиденна подорож до моря»
They scarcely seemed to heed him
Вони, здавалося, ледве прислухалися до нього
"Our fathers have told us of such things"
«Наші батьки розповіли нам про це»
"men may be made by the forces of Nature," said Correa
"Люди можуть бути створені силами Природи", - говорив Корреа
"Let us lead him to the elders," said Pedro
— Поведемо його до старійшин, — сказав Педро
"Shout first," said Correa
— Кричіть першим, — сказав Корреа
"the children might be afraid"
«Діти можуть боятися»
"This is a marvellous occasion"
«Це дивовижна подія»
So they shouted to the others
І кричали вони до інших
Pedro took Nunez by the hand
Педро взяв Нуньєса за руку
and he lead him to the houses
І він повів його до домів

He drew his hand away
Він відсмикнув руку
"I can see," he said
— Я бачу, — сказав він
"to see?" said Correa
— Побачити, — сказав Корреа
"Yes, I can see with my eyes," said Nunez
— Так, я бачу очима, — сказав Нуньєс
and he turned towards him
І він обернувся до нього
but he stumbled against Pedro's pail
але він спіткнувся об відро Педро
"His senses are still imperfect," said the third blind man
— Його чуття ще недосконалі, — сказав третій сліпий
"He stumbles, and talks unmeaning words"
«Він спотикається і говорить безглузді слова»
"Lead him by the hand"
«Веди його за руку»
"As you will" said Nunez
— Як хочете, — сказав Нуньєс
and he was led along
І його повели за собою
but he had to laugh at the situation
Але йому довелося посміятися над ситуацією
it seemed they knew nothing of sight
Здавалося, що вони нічого не знають про зір
"I will teach them soon enough," he thought to himself
«Скоро я навчу їх», — подумав він про себе

He heard people shouting
Він чув, як люди кричали
and he saw a number of figures gathering together

І він побачив кілька постатей, що зібралися разом
he saw them in the middle roadway of the village
Він побачив їх на середній дорозі села
all of it taxed his nerve and patience
Все це виснажило його нерви і терпіння
there were more than he had anticipated
Їх було більше, ніж він очікував
this was the first encounter with the population
Це була перша зустріч з населенням
the people from the Country of the Blind
люди з Країни сліпих
The place seemed larger as he drew near to it
Коли він наблизився до нього, місце здавалося більшим
and the smeared plasterings became even queerer
А розмазані штукатурки стали ще дивнішими
a crowd of children and men and women came around him
Навколо нього зібрався натовп дітей, чоловіків і жінок
they all tried to hold on to him
Всі вони намагалися втриматися за нього
they touched him with their soft and sensitive hands
Вони торкалися його своїми м'якими і чутливими руками
not surprisingly, they smelled at him too
Не дивно, що від нього теж пахли
and they listened at every word he spoke
І вони прислухалися до кожного його слова
some of the women and girls had quite sweet faces
Деякі жінки та дівчата мали досить милі обличчя
even though their eyes were shut and sunken
Хоча їхні очі були заплющені й запалі

he thought this would make his stay more pleasant
Він думав, що це зробить його перебування приємнішим
However, some of the maidens and children kept aloof
Однак деякі дівчата і діти трималися осторонь
they seemed to be afraid of him
Вони, здавалося, боялися його
his voice seemed coarse and rude beside their softer notes
Його голос здавався грубим і грубим поряд з їхніми м'якшими нотами
it is reasonable to say the crowd mobbed him
Резонно сказати, що натовп накинувся на нього
but his three guides kept close to him
Але троє його провідників трималися біля нього
they had taken some pride and ownership in him
Вони пишалися ним і володіли ним
again and again they said, "A wild man out of the rocks"
Знов і знов вони казали: "Дикий чоловік зі скель"
"Bogota," he said, "Over the mountain crests"
— Богота, — сказав він, — за гірськими гребенями.
"A wild man using wild words," said Pedro
— Дика людина, що вживає дикі слова, — сказав Педро
"Did you hear that, Bogota?"
— Ти чув, Богото?
"His mind has hardly formed yet"
«Його розум ще не сформувався»
"He has only the beginnings of speech"
«У нього є тільки початки мови»
A little boy nipped his hand
Маленький хлопчик ущипнув його за руку

"Bogota!" he said mockingly
«Богота!» — глузливо сказав він
"Aye! A city to your village"
— Еге ж! Місто до твого села»
"I come from the great world"
«Я походжу з великого світу»
"the world where men have eyes and see"
«Світ, де люди мають очі й бачать»
"His name's Bogota," they said
— Його звуть Богота, — сказали вони
"He stumbled," said Correa
— Він спіткнувся, — сказав Корреа
"he stumbled twice as we came hither"
«Він двічі спіткнувся, коли ми прийшли сюди»
"bring him in to the elders"
«Приведи його до старших»
And they thrust him through a doorway
І вони проштовхнули його в дверний отвір

he found himself in a room as black as pitch
Він опинився в чорній, як смола, кімнаті
but slowly his eyes adjusted to the darkness
Але поволі його очі звикли до темряви
at the far end a fire faintly glowed
У дальньому кінці ледь помітно жевріло вогнище
The crowd closed in behind him
Натовп зімкнувся за ним
and they shut out any light that could have come from outside
І вони заглушили будь-яке світло, яке могло прийти ззовні
before he could stop himself he had fallen
Не встиг він зупинитися, як упав

he fell right into the lap of a seated man
Він впав прямо на коліна сидячого чоловіка
and his arm struck the face of someone else
І його рука вдарилася об обличчя іншої людини
he felt the soft impact of features
Він відчував м'який вплив рис
and he heard a cry of anger
І він почув крик гніву
for a moment he struggled against a number of hands
Якусь мить він боровся з кількома руками
all of them were clutching him
Всі вони хапали його за руку
but it was a one-sided fight
Але це була одностороння боротьба
An inkling of the situation came to him
До нього прийшло передчуття ситуації
and he decided to lay quiet
І він вирішив заспокоїтися
"I fell down," he said
— Я впав, — сказав він
"I couldn't see in this pitchy darkness"
«Я не міг бачити в цій непроглядній темряві»
There was a pause at what he had said
У його словах була пауза
he felt unseen persons trying to understand his words
Він відчував невидимих людей, які намагалися зрозуміти його слова
Then he heard the voice of Correa
Потім він почув голос Коррея
"He is but newly formed"
«Він лише новостворений»
"He stumbles as he walks"
«Він спотикається на ходу»

"and his speech mingles words that mean nothing"
«І в його мові змішані слова, які нічого не значать»
Others also said things about him
Інші теж говорили про нього
they all confirmed they could not perfectly understand him
Всі вони підтвердили, що не можуть повністю зрозуміти його
"May I sit up?" he asked during a pause
«Можна мені сісти?» — запитав він під час паузи
"I will not struggle against you again"
«Я більше не буду боротися з тобою»
the elders consulted, and let him rise
Старійшини порадилися, і нехай він встане
The voice of an older man began to question him
Голос старшого чоловіка почав його розпитувати
again, Nunez found himself trying to explain the world
Нуньєс знову опинився на тому, що намагається пояснити світ
the great world out of which he had fallen
Великий світ, з якого він випав
he told them of the sky and mountains
Він розповів їм про небо і гори
and he tried to convey other such marvels
І він намагався передати інші подібні чудеса
but the elders sat in darkness
Але старійшини сиділи в темряві
and they did not know of the Country of the Blind
і не знали вони про країну сліпих
if only he could show these elders
Якби він міг показати цих старійшин
but they believed and understood nothing

Але вони нічого не вірили і не розуміли
whatever he told them created confusion
Все, що він їм говорив, викликало плутанину
it was all quite outside his expectations
Все це було зовсім поза його очікуваннями
They did not understand many of his words
Вони не розуміли багатьох його слів

For generations these people had been blind
Протягом багатьох поколінь ці люди були сліпими
and they had been cut off from all the seeing world
І вони були відрізані від усього видимого світу
the names for all the things of sight had faded and changed
Назви всього, що було в полі зору, потьмяніли і змінилися
the story of the outer world had become a story
Історія зовнішнього світу стала історією
his world was just something people told their children
Його світ був просто чимось, що люди розповідали своїм дітям
and they had ceased to concern themselves with it
І вони перестали цим перейматися
the only thing of interest was inside the rocky slopes
Єдине, що цікавило, було всередині кам'янистих схилів
they lived only in their circling wall
Вони жили тільки у своїй кружляючій стіні
Blind men of genius had arisen among them
Серед них з'явилися сліпці геніальні
they had questioned the old believes and traditions
Вони поставили під сумнів старі вірування і традиції

and they had dismissed all these things as idle fancies
І вони відкинули все це, як пусті фантазії
they replaced them with new and saner explanations
Вони замінили їх новими, більш розумними поясненнями
Much of their imagination had shrivelled with their eyes
Більша частина їхньої уяви зморщилася очима
their ears and finger-tips had gotten ever more sensitive
Їхні вуха та кінчики пальців ставали дедалі чутливішими
and with these they had made themselves new imaginations
І з ними вони породили нову уяву

Slowly Nunez realised the situation he was in
Поступово Нуньєс усвідомив ситуацію, в якій опинився
he could not expect any reverence for his origin
Він не міг сподіватися на якесь благоговіння перед своїм походженням
his gifts were not as useful as he thought
Його подарунки виявилися не такими корисними, як він думав
explaining sight was not going to be easy
Пояснити зір було непросто
his attempts had been quite incoherent
Його спроби були досить непослідовними
he was deflated from his initial excitement
Він був здутий від початкового хвилювання
and he subsided into listening to their instruction
І він занурився в те, щоб слухати їхні настанови

the eldest of the blind men explained to him life
Старший зі сліпців пояснив йому життя
he explained to him philosophy and religion
Він пояснив йому філософію і релігію
he described the origins of the world
Він описав походження світу
(by this of course he meant the valley)
(під цим, звичайно, він мав на увазі долину)
first it had been an empty hollow in the rocks
Спочатку це було порожнє заглиблення в скелях
first came inanimate things without the gift of touch
Спочатку з'явилися неживі речі без дару дотику
then came llamas and other creatures of little sense
Потім з'явилися лами та інші істоти, що не мали сенсу
when all had been put in place, men came
Коли все було розставлено по місцях, прийшли люди
and finally angels came to the world
І ось нарешті ангели з'явилися на світ
one could hear the angels singing and making fluttering sounds
Було чути, як ангели співають і видають тріпотливі звуки
but it was impossible to touch them
Але доторкнутися до них було неможливо
this explanation first puzzled Nunez greatly
це пояснення спочатку сильно спантеличило Нуньєса
but then he thought of the birds
Але потім він подумав про птахів
He went on to tell Nunez how time had been divided
Далі він розповів Нуньєсу, як розділився час

there was the warm time and the cold time
Була тепла пора і холодна пора
of course these are the blind equivalents of day and night
Звичайно, це сліпі еквіваленти дня і ночі
he told how it was good to sleep in the warm
Він розповів, як добре було спати в теплі
he explained how it was better to work during the cold
Він пояснив, як краще працювати під час холоду
normally the whole town of the blind would now have been asleep
Як правило, все місто сліпих спало б зараз
but this special event kept them up
Але ця особлива подія втримала їх
He said Nunez must have been specially created to learn
Він сказав, що Нуньєс, мабуть, був спеціально створений, щоб вчитися
and he was there to serve the wisdom they had acquired
і він був там, щоб служити мудрості, яку вони набули
his mental incoherency was ignored, for the time being
Його психічна незв'язність до пори до часу ігнорувалася
and he was forgiven for his stumbling behaviour
І йому пробачили його спотикання
he was told to have courage in this world
Йому було сказано, щоб він мав мужність у цьому світі
and he was told to do his best to learn
І йому сказали робити все можливе, щоб навчатися
all the people in the doorway murmured encouragingly

Усі, хто стояв у дверях, підбадьорливо ремствували
He said the night was far gone
Він сказав, що ніч давно минула
(the blind call their day night)
(сліпі називають свій день ніччю)
so he encouraged everyone to go back to sleep
Тому він закликав усіх знову заснути

He asked Nunez if he knew how to sleep
Він запитав Нуньєса, чи вміє він спати
Nunez said he did know how to sleep
Нуньєс сказав, що знає, як спати
but that before sleep he wanted food
Але що перед сном йому захотілося їжі
They brought him some of their food
Вони принесли йому трохи своєї їжі
llama's milk in a bowl and rough salted bread
Молоко лами в мисці і грубо підсолений хліб
and they led him into a lonely place
І вони повели його в самотнє місце
so that he could eat out of their hearing
щоб він міг їсти з їхнього слуху
afterwards he was allowed to slumber
Після цього йому дозволили поспати
until the chill of the mountain evening roused them
аж поки прохолода гірського вечора не розбудила їх
and then they would begin their day again
А потім вони починали свій день знову
But Nunez slumbered not at all
Але Нуньєс зовсім не дрімав
Instead, he sat up in the place where they had left him
Натомість він сів на тому місці, де його залишили
he rested his limbs, still sore from the fall

Він дав відпочинок кінцівкам, які все ще боліли від падіння
and he turned everything over and over in his mind
І він знову і знову все перевертав у своїй свідомості
the unanticipated circumstances of his arrival
Непередбачувані обставини його приїзду
Every now and then he laughed
Час від часу він сміявся
sometimes with amusement, and sometimes with indignation
Іноді з веселощами, а іноді з обуренням
"Unformed mind!" he said, "Got no senses yet!"
— Несформований розум, — сказав він, — ще не маю глузду!
"little do they know what they're saying!"
— Вони не знають, що говорять!
"they've been insulting their Heaven-sent King and master"
«Вони ображали свого посланого Небом Царя і Пана»
"I see I must bring them to reason"
«Я бачу, що мушу привести їх до розуму»
"Let me think about this..."
— Дай мені подумати про це...
He was still thinking when the sun set
Він все ще думав, коли зайшло сонце

Nunez had an eye for all beautiful things
Нуньєс мав око на все прекрасне
he saw the glow upon the snow-fields and glaciers
Він бачив заграву на снігових полях і льодовиках
on the mountains that rose about the valley on every side

на горах, що здіймалися по долині з усіх боків
it was the most beautiful thing he had ever seen
Це було найпрекрасніше, що він коли-небудь бачив
His eyes went over the inaccessible glory to the village
Його очі перейшли на недосяжну славу села
he looked over irrigated fields sinking into the twilight
Він дивився на зрошувані поля, що занурювалися в сутінки
suddenly a wave of emotion hit him
Раптом на нього накрила хвиля емоцій
he thanked God from the bottom of his heart
він дякував Богові від щирого серця
"thank you for the power of sight you have given me"
«Дякую тобі за силу зору, яку ти дав мені»

He heard a voice calling to him
Він почув голос, який кликав його
it was coming from the village
Воно йшло з села
"ahoi-hoi, Bogota! Come hither!"
— Ахой-хой, Богота! Іди сюди!»
At that he stood up, smiling
Тоді він підвівся, посміхаючись
He would show these people once and for all!
Він покаже цим людям раз і назавжди!
"they will learn what sight can do for a man!"
«Вони дізнаються, що зір може зробити для людини!»
"I shall make them seek me"
"Я змушу їх шукати Мене"
"but they shall not be able to find me"
"Але вони не зможуть мене знайти"

"You move not, Bogota," said the voice
— Ти не рухаєшся, Богото, — сказав голос
at this he laughed, without making a noise
При цьому він засміявся, не здіймаючи шуму
he made two stealthy steps from the path
Він зробив два крадькома кроки від стежки
"Trample not on the grass, Bogota"
«Не топчеш траву, Богота»
"wondering off the path is not allowed"
«Не дозволяється збитися зі шляху»
Nunez had scarcely heard the sound he made himself
Нуньєс ледве почув звук, який видав сам
He stopped where he was, amazed
Він зупинився там, де був, вражений
the owner of the voice came running up the path
Хазяїн голосу вибіг на стежку
and he stepped back into the pathway
І він повернувся на стежку
"Here I am," he said
— Ось я, — сказав він
the blind man was not impressed with Nunez's antics
сліпий не був вражений витівками Нуньєса
"Why did you not come when I called you?"
— Чому ти не прийшов, коли я тебе покликав?
"Must you be led like a child?"
— Тебе треба вести, як дитину?
"Cannot you hear the path as you walk?"
— Ти не чуєш стежки, коли йдеш?
Nunez laughed at the ridiculous questions
Нуньєс посміявся з безглуздих запитань
"I can see it," he said
— Я це бачу, — сказав він
the blind man paused for a moment

Сліпий на мить зупинився
"There is no such word as see"
«Немає такого слова, як бачити»
"Cease this folly and follow the sound of my feet"
«Облиш це безглуздя і йди за стукотом моїх ніг»
Nunez followed the blind man, a little annoyed
Нуньєс пішов слідом за сліпим, трохи роздратований
"My time will come," he said to himself
«Прийде мій час», — сказав він сам собі
"You'll learn," the blind man answered
— Навчишся, — відповів сліпий
"There is much to learn in the world"
«У світі є чому навчитися»
"Has no one told you?" asked Nunez
«Вам ніхто не сказав?» — запитав Нуньєс
"In the Country of the Blind the One-Eyed Man is King"
«У країні сліпих одноокий — цар»
"What is blind?" asked the blind man, over his shoulder
«Що таке сліпий?» — запитав сліпий через плече

by now four days had passed
Минуло вже чотири дні
even on the fifth day nothing had changed
Навіть на п'ятий день нічого не змінилося
the King of the Blind was still incognito
Король Сліпих все ще був інкогніто
he was still a clumsy and useless stranger among his subjects
Він був ще незграбним і непотрібним чужинцем серед своїх підданих

he found it all much more difficult than he thought
Йому все здалося набагато складнішим, ніж він думав

how could he proclaim himself king to these blind people??
Як він міг проголосити себе царем для цих сліпих людей??

he was left to meditated his coup d'etat
Він був змушений розмірковувати про свій державний переворот

in the meantime he did what he was told
Тим часом він зробив те, що йому сказали

he learnt the manners and customs of the Country of the Blind
він вивчив манери і звичаї Країни сліпих

working at night he found particularly irksome
Робота вночі його особливо дратувала

this was going to be the first thing he changed
Це було перше, що він змінив

They led a simple and laborious life
Вони вели просте і копітке життя

but they had all the elements of virtue and happiness
Але в них були всі елементи чесноти і щастя

They toiled, but not oppressively
Вони трудилися, але не деспотично

they had food and clothing sufficient for their needs
Вони мали їжу та одяг, достатні для своїх потреб

they had days and seasons of rest
У них були дні і пори відпочинку

they enjoyed music and singing
Вони насолоджувалися музикою і співом

there was love among them
Серед них була любов

and there were little children
І були маленькі діти,
It was marvellous to see their confidence and precision
Було дивовижно бачити їхню впевненість і точність
they went about their ordered world efficiently
Вони ефективно йшли по своєму впорядкованому світу
Everything had been made to fit their needs
Все було зроблено відповідно до їхніх потреб
each paths had a constant angle to the other
Кожна доріжка мала постійний кут до іншої
each kerb was distinguished by a special notch
Кожен бордюр відрізнявся особливою виїмкою
all obstacles and irregularities had been cleared away
Всі перешкоди і нерівності були усунені
all their methods arose naturally from their special needs
Всі їхні методи виникали природним чином з їхніх особливих потреб
and their procedures made sense to their abilities
і їхні процедури мали сенс для їхніх здібностей
their senses had become marvellously acute
їхні почуття стали напрочуд гострими
they could hear and judge the slightest gesture
Вони могли чути і оцінювати найменший жест
even if the man was a dozen paces away
Навіть якщо чоловік був за десяток кроків від нього
they could hear the very beating of his heart
Вони чули саме биття його серця
Intonation and touch had long replaced expression and gesture
Інтонація і дотик давно замінили вираз обличчя і жест

they were handy with the hoe and spade
Вони були під рукою з мотикою і лопатою
and they moved as free and confident as any gardener
І рухалися вони так само вільно і впевнено, як будь-який садівник
Their sense of smell was extraordinarily fine
Нюх у них був надзвичайно тонкий
they could distinguish individual differences as quickly as a dog can
Вони можуть розрізняти індивідуальні відмінності так само швидко, як собака
and they went about the tending of llamas with ease and confidence
І вони з легкістю і впевненістю доглядали лам

a day came Nunez sought to assert himself
Настав день, коли Нуньєс прагнув самоствердитися
but he quickly realized his underestimation
Але він швидко зрозумів свою недооцінку
and he learned how confident their movements could be
І він дізнався, наскільки впевненими можуть бути їхні рухи
he rebelled only after he had tried persuasion
Він збунтувався лише після того, як спробував переконати
on several occasions he had tried to tell them of sight
Кілька разів він намагався сказати їм про зір
"Look you here, you people," he said
— Погляньте сюди, люди, — сказав він
"There are things you people do not understand in me"
«Є речі, яких ви, люди, не розумієте в мені»
Once or twice one or two of them listened to him

Раз чи двічі його слухав один-два з них
they sat with their faces downcast
Вони сиділи, опустивши обличчя
their ears were turned intelligently towards him
їхні вуха були розумно звернені до нього
and he did his best to tell them what it was to see
І він зробив усе можливе, щоб сказати їм, що це було побачити
Among his hearers was a girl
Серед його слухачів була дівчина
her eyelids were less red and sunken
Її повіки стали менш червоними і запалими
one could almost imagine she was hiding eyes
Можна було уявити, що вона ховає очі
he especially hoped to persuade her
Особливо він сподівався її переконати
He spoke of the beauties of sight
Він говорив про красу зору
he spoke of watching the mountains
Він говорив про спостереження за горами
he told them of the sky and the sunrise
Він розповів їм про небо і схід сонця
and they heard him with amused incredulity
І слухали його з веселою недовірливістю
but that eventually became condemnatory
Але це врешті-решт стало осудом
They told him there were no mountains at all
Вони сказали йому, що гір немає взагалі
they told him only the llamas go to the rocks
Вони сказали йому, що тільки лами ходять до скель
they graze their grass there at the edge
Вони пасуть траву там, на узліссі,
and that is the end of the world

І це кінець світу
from there the roof rises over the universe
Звідти над Всесвітом здіймається дах
only the dew and the avalanches fell from there
Тільки роса і лавини падали звідти
he maintained stoutly the world had neither end nor roof
Він твердо стверджував, що світ не має ні кінця, ні даху над головою
everything they thought about the world was wrong, he told them
Все, що вони думали про світ, було неправильним, він говорив їм
but they said his thoughts were wicked
Але вони сказали, що його думки були злими
his descriptions of sky and clouds and stars were hideous to them
Його описи неба, хмар і зірок були для них огидними
a terrible blankness in the place of the smooth roof of the world
Жахлива порожнеча на місці гладенької покрівлі світу
it was an article of faith with them
Для них це було уложення віри
they believed the cavern roof was exquisitely smooth to the touch
Вони вважали, що дах печери вишукано гладкий на дотик
he saw that in some manner he shocked them
Він побачив, що якимось чином шокував їх
and he gave up that aspect of the matter altogether
І він взагалі відмовився від цього аспекту справи

instead, he tried to show them the practical value of sight
Натомість він намагався показати їм практичну цінність зору

One morning he saw Pedro on path Seventeen
Одного ранку він побачив Педро на сімнадцятій стежці
he was coming towards the central houses
Він ішов до центральних будинків
but he was still too far away for hearing or scent
Але він був ще надто далеко, щоб почути чи відчути запах
"In a little while," he prophesied, "Pedro will be here"
«Через деякий час, — пророкував він, — Педро буде тут»
An old man remarked that Pedro had no business on path Seventeen
Старий зауважив, що Педро не має справи на шляху Сімнадцятий
and then, as if in confirmation, Pedro changed paths
а потім, немов на підтвердження, Педро змінив шлях
with nimble paces he went towards the outer wall
Спритними кроками він рушив до зовнішньої стіни
They mocked Nunez when Pedro did not arrive
Вони знущалися з Нуньєса, коли Педро не приїхав
he tried to clear his character by asking Pedro
він спробував очистити свій характер, запитавши Педро
but Pedro denied the allegations
але Педро відкинув звинувачення
and afterwards he was hostile to him

І після цього він став вороже ставитися до нього

Then he convinced them to let him go
Тоді він переконав їх відпустити його
"let me go up the sloping meadows to the wall"
«Дозвольте мені піднятися на похилі луки до стіни»
"let me take with me one willing individual"
«Дозвольте мені взяти з собою одну охочу особу»
"I will describe all that is happening among the houses"
«Я опишу все, що відбувається серед будинків»
He noted certain goings and comings
Він відзначив певні від'їзди і прихід
but these things were not important to these people
Але ці речі не були важливими для цих людей
they cared for what happened inside the windowless houses
Вони переймалися тим, що відбувалося в будинках без вікон
of those things he could neither see, nor tell
Про це він не міг ні побачити, ні розповісти
his attempt had failed again
Його спроба знову зазнала невдачі
they could not repress their ridicule
Вони не могли придушити своїх глузувань
and finally Nunez resorted to force
і, нарешті, Нуньєс вдався до сили
He thought of seizing a spade
Він думав схопити лопату
he could smite one or two of them to earth
Він міг вдарити одного або двох з них на землю
in fair combat he could show the advantage of eyes
У чесному бою він міг показати перевагу очей

He went so far with that resolution as to seize his spade
Він зайшов так далеко, що схопив лопату
but then he discovered a new thing about himself
Але потім він відкрив для себе щось нове
it was impossible for him to hit a blind man in cold blood
Холоднокровно вдарити сліпого не можна було
holding the spade, he hesitated for a moment
Тримаючи лопату, він на мить завагався
all of them had become aware that he had snatched up the spade
Всі вони зрозуміли, що він вихопив лопату
They stood alert, with their heads on one side
Вони стояли насторожені, схиливши голови набік
they cautiously bent their ears towards him
Вони обережно нахилили вуха до нього
and they waited for what he would do next
І вони чекали, що він робитиме далі
"Put that spade down," said one
— Поклади цю лопату, — сказав один
and he felt a sort of helpless horror
І він відчув якийсь безпорадний жах
he could not come to their obedience
Він не міг прийти до їхнього послуху
he thrust one backwards against a house wall
Він штовхнув одну спиною до стіни будинку
and he fled past him, and out of the village
І він утік повз нього та й із села
he went over one of their meadows
Він перейшов через одну з їхніх галявин
but of course he trampled grass behind him
Але, звичайно, він топтав за собою траву

he sat down by the side of one of their ways
Він сів обабіч одного з них
he felt something of the buoyancy in him
Він відчував у собі щось від плавучості
all men feel it in the beginning of a fight
Всі чоловіки відчувають це на початку сварки
but he felt more perplexity than anything
Але він відчував збентеження більше, ніж будь-що інше
he began to realise something else about himself
Він почав усвідомлювати про себе дещо інше
you cannot fight happily with creatures of a different mental basis
Не можна щасливо битися з істотами іншого психічного підґрунтя
Far away he saw a number of men carrying spades and sticks
Вдалині він побачив кілька чоловіків, які несли лопати та палиці
they were coming out of the streets and houses
Вони виходили з вулиць і будинків
together they made a line across the paths
Разом вони вишикувалися в лінію поперек стежок
and they line was coming towards him
І вони йшли до нього
They advanced slowly, speaking frequently to one another
Вони просувалися повільно, часто розмовляючи один з одним
again and again they stopped and sniff the air
Вони знову і знову зупинялися і нюхали повітря
The first time they did this Nunez laughed

Перший раз, коли вони це зробили, Нуньєс розсміявся
But afterwards he did not laugh
Але потім він не сміявся
One found his trail in the meadow grass
Один знайшов свій слід у луговій траві
he came stooping and feeling his way along it
Він прийшов, згорбившись, і намацав дорогу по ній
For five minutes he watched the slow extension of the line
Протягом п'яти хвилин він спостерігав за повільним розширенням черги
his vague disposition to do something forthwith became frantic
Його невиразна схильність негайно щось зробити стала несамовитою
He stood up and paced towards the wall
Він підвівся і попрямував до стіни
he turned, and went back a little way
Він обернувся і пішов трохи назад
they all stood in a crescent, still and listening
Всі вони стояли півмісяцем, нерухомі і слухали
He also stood still, gripping his spade
Він теж стояв нерухомо, стискаючи лопату
Should he attack them?
Чи повинен він нападати на них?
The pulse in his ears ran into a rhythm:
Пульс у вухах увійшов у ритм:
"In the Country of the Blind the One-Eyed Man is King"
«У країні сліпих одноокий — цар»
"In the Country of the Blind the One-Eyed Man is King"

«У країні сліпих одноокий — цар»
"In the Country of the Blind the One-Eyed Man is King"
«У країні сліпих одноокий — цар»
He looked back at the high and unclimbable wall
Він озирнувся на високу стіну, на яку неможливо було піднятися
and he looked at the approaching line of seekers
І він подивився на шеренгу шукачів, що наближалася
others were now coming out of the street of houses too
Інші теж виходили з вулиць будинків
"Bogota!" called one, "Where are you?"
«Богота!» — гукнув один.— «Де ти?»
He gripped his spade even tighter
Він ще міцніше стиснув лопату
and he went down the meadow towards the place of habitations
І пішов він лугом до місця осель
where he moved they converged upon him
Там, де він рухався, вони сходилися до нього
"I'll hit them if they touch me," he swore
«Я вдарю їх, якщо вони торкнуться мене», — поклявся він
"by Heaven, I will. I'll hit them"
"Небом, я зроблю. Я їх вдарю"
He called aloud, "Look here you people"
Він голосно гукнув: "Погляньте сюди, люди"
"I'm going to do what I like in this valley!"
— Я буду робити в цій долині те, що мені подобається!
"Do you hear? I'm going to do what I like"
— Чуєш? Я буду робити те, що мені подобається»
"and I will go where I like"

"І я піду туди, куди мені заманеться"
They were moving in upon him quickly
Вони швидко наздоганяли його
they were groping at everything, yet moving rapidly
Вони мацали все, але швидко рухалися
It was like playing blind man's bluff
Це було схоже на блеф сліпого
but everyone was blindfolded except one
Але всім зав'язали очі, крім одного
"Get hold of him!" cried one
«Візьми його!» — закричав один
He realized a group of men had surrounded him
Він зрозумів, що група чоловіків оточила його
suddenly he felt he must be active and resolute
Раптом він відчув, що повинен бути активним і рішучим
"You people don't understand," he cried
— Ви, люди, не розумієте, — вигукнув він
his voice was meant to be great and resolute
Його голос мав бути великим і рішучим
but his voice broke and carried no power
Але голос його зривався і не мав сили
"You are all blind and I can see"
«Ви всі сліпі, а я бачу»
"Leave me alone!" he tried to command
«Дайте мені спокій!» — спробував він скомандувати
"Bogota! Put down that spade and come off the grass!"
— Богота! Поклади лопату і відірвайся від трави!»
the order was grotesque in its familiarity
Орден був гротескним у своїй фамільярності
and it produced a gust of anger in him
І це викликало в ньому порив гніву
"I'll hurt you," he said, sobbing with emotion

— Я зроблю тобі боляче, — сказав він, схлипуючи від хвилювання

"By Heaven, I'll hurt you! Leave me alone!"
— Небоже, я зроблю тобі боляче! Залиште мене в спокої!»

He began to run without knowing where to run
Він почав бігти, не знаючи, куди бігти

He ran away from the nearest blind man
Він втік від найближчого сліпого

because it was a horror to hit him
Тому що це був жах вдарити його

He made a dash to escape from their closing ranks
Він кинувся тікати, щоб вирватися з їхніх останніх рядів

in one place the gap was a little wider
в одному місці щілина була трохи ширше

the men on the sides quickly perceived what was happening
Чоловіки з боків швидко зрозуміли, що відбувається

they quickly rushed in to close the gap
Вони швидко кинулися закривати прогалину

He sprang forward, and saw he would be caught
Він вискочив уперед і побачив, що його спіймають

and whoosh! the spade had struck
І ой! Лопата вдарила

He felt the soft thud of hand and arm
Він відчув тихий стукіт рук і рук

and the man was down with a yell of pain
І чоловік скрикнув від болю

and he was through the gap
І він був крізь щілину

he was close to the street of houses again
Він знову опинився біля вулиці будинків

the blind men were whirling their spades and stakes
Сліпці кружляли лопатами та кілками
and they were running with a new swiftness
І вони бігли з новою швидкістю
He heard steps behind him just in time
Він вчасно почув кроки позаду себе
a tall man was rushing towards him
Назустріч йому мчав високий чоловік
he was swiping his spade at the sound of him
Він махав лопатою на його звук
Nunez lost his nerve this time
Цього разу у Нуньєса здали нерви
he could not hit another blind man
Він не зміг влучити в іншого сліпого
he hurled his spade next to his antagonist
Він кинув лопату поруч зі своїм антагоністом
the tall man whirled about from where he heard the noise
Високий чоловік закружляв туди, звідки почув шум
and Nunez fled, yelling as he dodged another
і Нуньєс втік, кричачи, ухиляючись від іншого
He was panic-stricken by this point
До цього моменту його охопила паніка
almost blindly, he ran furiously to and fro
Майже наосліп він несамовито бігав туди-сюди
he dodged when there was no need to dodge
Він ухилявся, коли не було потреби ухилятися
in his anxiety he tried to see every side of him at once
У своїй тривозі він намагався розгледіти всі сторони себе відразу
for a moment he had fallen down
На якусь мить він упав
of course the followers heard his fall

Звичайно, послідовники почули його падіння
he caught a glimpse of something in the circumferential wall
Він мигцем побачив щось у окружній стіні
a little gap between the wall
невеликий зазор між стіною
he set off in a wild rush for it
Він вирушив у шаленому пориві за нею
he had stumbled across the bridge
Він спіткнувся об міст
and he clambered a little along the rocks
І він трохи полазив по скелях
a surprised young llama went leaping out of sight
Здивована молода лама вистрибнула з очей
and then he lay down, sobbing for breath
А потім ліг, схлипуючи, затамувавши подих
And so his coup d'etat came to an end
Так закінчився його державний переворот

He stayed outside the wall of the valley of the blind
Він залишився за муром долини сліпих
for two nights and days he was without food or shelter
Дві ночі і дні він був без їжі та даху над головою
and he meditated upon the unexpected
І він роздумував про несподіване
During these meditations he repeated his motto frequently
Під час цих медитацій він часто повторював свій девіз
"In the Country of the Blind the One-Eyed Man is King"
«У країні сліпих одноокий — цар»
He thought chiefly of ways of conquering these people

Він думав головним чином про способи завоювання цих людей
and it grew clear that no practicable way was possible
І стало ясно, що жодний практичний спосіб неможливий
He had brought no weapons with him
Він не взяв із собою зброї
and now it would be hard to get any
І зараз було б важко дістати будь-який
his civilized manner had not left him
Цивілізована поведінка не покидала його
there was no way he could assassinate a blind man
Він ніяк не міг убити сліпого
Of course, if he did that, he could dictate the terms
Звичайно, якщо він це зробить, то зможе диктувати умови
he could threaten them with further assassinations
Він міг погрожувати їм подальшими вбивствами
But, sooner or later he must sleep!
Але, рано чи пізно він повинен заснути!
He tried to find food among the pine trees
Він намагався знайти їжу серед сосен
at night the frost fell over the valley
Вночі мороз упав над долиною
to be comfortable he slept under pine boughs
Щоб було зручно, він спав під сосновим гіллям
he thought about catching a llama, if he could
Він думав про те, щоб зловити ламу, якщо зможе
perhaps he could hammer it with a stone
Можливо, він міг би забити її каменем
and then he could eat some of it
А потім він міг би з'їсти трохи
But the llamas had doubt of him

Але лами сумнівалися в ньому
they regarded him with distrustful brown eyes
Вони дивилися на нього недовірливими карими очима
and they spat at him when he came near
І плювали на нього, коли він підходив
Fear came on him the second day
Страх напав на нього на другий день
he was taken by fits of shivering
Його охопили напади тремтіння
Finally he crawled back down the wall
Нарешті він поповз назад по стіні
and he went back into the Country of the Blind
І вернувся він у країну сліпих
he shouted until two blind men came out to the gate
— кричав він, аж поки до воріт не вийшли двоє сліпих
and he talked to him, negotiating his terms
І він розмовляв з ним, домовляючись про його умови
"I had gone mad," he said
— Я збожеволів, — сказав він
"But I was only newly made"
«Але я був тільки новоспечений»
They said that was better
Вони сказали, що так краще
He told them he was wiser now
Він сказав їм, що тепер він мудріший
and he repented of all he had done
і він покаявся в усьому, що зробив
Then he wept without reserve
Тоді він плакав, не соромлячись
because he was very weak and ill now
Тому що він був дуже слабкий і хворий зараз

they took that as a favourable sign
Вони сприйняли це як сприятливий знак
They asked him if he still thought he could see
Вони запитали його, чи він все ще думає, що бачить
"No," he said, "That was folly"
— Ні, — сказав він, — це було безглуздя.
"The word means nothing, less than nothing!"
«Слово означає нічого, менше, ніж нічого!»
They asked him what was overhead
Вони запитали його, що над головою
"About ten times ten the height of a man"
«Приблизно в десять разів більше людського зросту»
"there is a roof above the world of rock"
«Над рок-світом є дах»
"it is very, very smooth"
"Це дуже, дуже гладко"
"So smooth, so beautifully smooth"
"Так гладко, так красиво гладко"
He burst again into hysterical tears
Він знову розплакався в істериці
"Before you ask me any more, give me some food"
«Перш ніж просити мене більше, дайте мені трохи їжі»
"or else I shall die!"
— А то я помру!
He expected dire punishments
Він очікував страшних покарань
but these blind people were capable of toleration
Але ці сліпі люди були здатні терпіти
his rebellion was just more proof of his idiocy
Його бунт був лише ще одним доказом його ідіотизму
they hardly needed more evidence for his inferiority

Навряд чи їм потрібні були додаткові докази його неповноцінності
as a punishment he was whipped some
В якості покарання його відшмагали
and they appointed him to do the heaviest work
І призначили його виконувати найважчу роботу
Nunez could see no other way of surviving
Нуньєс не бачив іншого способу вижити
so he submissively did what he was told
Тому він покірно виконав те, що йому сказали
he was ill for some days
Він хворів кілька днів
and they nursed him kindly
І вони ласкаво доглядали його
that refined his submission
що вдосконалювало його підпорядкування
but they insisted on him lying in the dark
Але вони наполягли на тому, щоб він лежав у темряві
that was a great misery to him
Це було для нього великим нещастям
blind philosophers came and talked to him
Сліпі філософи приходили і розмовляли з ним
they spoke of the wicked levity of his mind
Вони говорили про злу легковажність його розуму
and they retold the story of creation
І вони переказали історію створення світу
they explained further how the world was structured
Далі вони пояснили, як влаштований світ
and soon Nunez had doubts about what he thought he knew
і незабаром у Нуньєса з'явилися сумніви щодо того, що, на його думку, він знає

perhaps he really was the victim of hallucination
Можливо, він дійсно став жертвою галюцинацій

and so Nunez became a citizen of the Country of the Blind
і так Нуньєс став громадянином Країни сліпих
and these people ceased to be a generalised people
І ці люди перестали бути узагальненим народом
they became individualities to him
Вони стали для нього індивідуальністю
and they grew familiar to him
І вони познайомилися з ним
the world beyond the mountains slowly faded
Світ за горами поволі згасав
more and more it became remote and unreal
Все більше і більше вона ставала віддаленою і нереальною
There was Yacob, his master
Там був Яків, його господар
he was a kindly man when not annoyed
Він був доброю людиною, коли його не дратували
there was Pedro, Yacob's nephew
був Педро, племінник Якова
and there was Medina-sarote
І була Медина-сарота
she was the youngest daughter of Yacob
вона була молодшою дочкою Якова
she was little esteemed in the world of the blind
Її мало поважали у світі сліпих
because she had a clear-cut face
Тому що у неї було ясне обличчя
and she lacked any satisfying glossy smoothness

І їй не вистачало якоїсь задовільної глянцевої гладкості

these are the blind man's ideal of feminine beauty
Це ідеал жіночої краси сліпого

but Nunez thought her beautiful at first sight
але Нуньєс вважав її красивою з першого погляду

and now she was the most beautiful thing in all the world
І тепер вона була найкрасивішою у всьому світі

her features were not common in the valley
Її риси не були поширені в долині

her closed eyelids were not sunken and red
Її закриті повіки не були запалими і червоними

but they lay as though they might open again at any moment
Але вони лежали так, наче в будь-який момент можуть знову відкритися

she had long eyelashes, which were considered a grave disfigurement
У неї були довгі вії, які вважалися серйозним спотворенням

and her voice was weak compared to the others
І голос у неї був слабкий порівняно з іншими

so it did not satisfy the acute hearing of the young men
Тож це не задовольнило гострий слух юнаків

And so she had no lover
І так у неї не було коханця

Nunez thought a lot about Medina-sarote
Нуньєс багато думав про Медіну-Сароте

he thought perhaps he could win her
Він думав, що, можливо, зможе її завоювати

and then he would be resigned to live in the valley
І тоді він змирився б жити в долині

he could be happy for the rest of his days
Він міг би бути щасливим до кінця своїх днів
he watched her whenever he could
Він спостерігав за нею, коли тільки міг
and he found opportunities of doing her little services
І він знаходив можливості робити їй маленькі послуги
he also found that she observed him
Він також виявив, що вона спостерігала за ним
Once at a rest-day gathering he noticed it
Одного разу на зборах у день відпочинку він помітив це
they sat side by side in the dim starlight
Вони сиділи пліч-о-пліч у тьмяному світлі зірок
the music was sweet and his hand came upon hers
Музика була солодка, і його рука торкнулася її
and he dared to clasp her hand
І він наважився стиснути її руку
Then, very tenderly, she returned his pressure
Потім, дуже ніжно, вона повернула йому тиск
And one day they were at their meal in the darkness
І одного разу вони були на трапезі в темряві
he felt her hand very softly seeking him
Він відчув, як її рука дуже м'яко шукає його
as it chanced, the fire leapt just at that moment
Як виявилося, вогонь підскочив саме в цю мить
and he saw the tenderness in her
І він побачив ніжність у ній
He sought to speak to her
Він прагнув поговорити з нею
He went to her one day when she was sitting
Одного разу він підійшов до неї, коли вона сиділа
she was in the summer moonlight, weaving

Вона була в літньому місячному сяйві, ткала
The light made her a thing of silver and mystery
Світло зробило її річчю сріблястою і таємничою
He sat down at her feet
Він сів біля її ніг
and he told her he loved her
І він сказав їй, що любить її
and he told her how beautiful she seemed to him
І він розповів їй, якою гарною вона здалася йому
He had a lover's voice
У нього був голос коханої
he spoke with a tender reverence that came near to awe
Він говорив з ніжним благоговінням, яке було близьким до благоговіння
she had never before been touched by adoration
Її ніколи раніше не торкалося обожнювання
She made him no definite answer
Вона не дала йому однозначної відповіді
but it was clear his words pleased her
Але було ясно, що його слова їй подобаються
After that he talked to her whenever he could
Після цього він розмовляв з нею, коли тільки міг
the valley became the world for him
Долина стала для нього світом
the world beyond the mountains seemed no more than a fairy tale
Світ за горами здавався не більше ніж казкою
perhaps one day he could tell her of these stories
Можливо, одного разу він розповість їй ці історії
Very tentatively and timidly, he spoke to her of sight
Дуже обережно і несміливо він говорив з нею про зір
sight seemed to her the most poetical of fancies
Зір здався їй найпоетичнішою з фантазій

she attentively listened to his description
Вона уважно слухала його опис
he told her of the stars and the mountains
Він розповів їй про зірки і гори
and he praised her sweet white-lit beauty
І він вихваляв її милу білу красу
She did not believe what he was saying
Вона не вірила в те, що він говорив
and she could only half understand what he meant
І вона лише наполовину розуміла, що він мав на увазі
but she was mysteriously delighted
Але вона була в загадковому захваті
and it seemed to him that she completely understood
І йому здалося, що вона повністю зрозуміла

His love lost its awe and took courage
Його любов втратила благоговіння і набралася мужності
He wanted to ask the elders for her hand in marriage
Він хотів попросити у старійшин її руки заміж
but she became fearful and delayed
Але вона злякалася і забарилася
it was one of her elder sisters who first told Yacob
це була одна з її старших сестер, яка першою розповіла про це Якову
she told him that Medina-sarote and Nunez were in love
вона сказала йому, що Медіна-Сароте і Нуньєс закохані
There was very great opposition to the marriage
Був дуже великий спротив шлюбу
the objection wasn't because they valued her
Заперечення було не тому, що вони її цінували

but they objected because they thought of him as different
Але вони заперечували, бо вважали його іншим
he was still an idiot and incompetent thing for them
Він все ще був для них ідіотом і некомпетентним
they classed him below the permissible level of a man
Вони класифікували його нижче допустимого рівня людини
Her sisters opposed the marriage bitterly
Її сестри були категорично проти шлюбу
they feared it would bring discredit on them all
Вони боялися, що це дискредитує їх усіх
old Yacob had formed a sort of liking for Nunez
У старого Якоба сформувалася якась симпатія до Нуньєса
he was his nice, but clumsy and obedient serf
Він був його милим, але незграбним і слухняним кріпаком
but he shook his head at the proposal
Але він похитав головою, почувши пропозицію
and he said the thing could not be
І він сказав, що цього не може бути
The young men were all angry
Всі юнаки були розгнівані
they did not like the idea of corrupting the race
Їм не подобалася ідея розбещення раси
and one went so far as to strike Nunez
і один дійшов до того, що вдарив Нуньєса
but Nunez struck back at the man
але Нуньєс завдав удару у відповідь чоловікові
Then, for the first time, he found an advantage in seeing

Тоді він вперше знайшов перевагу в тому, щоб бачити

even by twilight he could fight better than the blind man
Навіть у сутінках він міг битися краще, ніж сліпий

after that fight was over a new order had been established
Після того, як ця боротьба закінчилася, було встановлено новий порядок

no one ever thought of raising a hand against him again
Нікому більше не спадало на думку підняти на нього руку

but they still found his marriage impossible
Але вони все одно вважали його шлюб неможливим

Old Yacob had a tenderness for his last little daughter
Старий Яків відчував ніжність до своєї останньої маленької донечки

he was grieved to have her weep upon his shoulder
Він був засмучений тим, що вона плакала на його плечі

"You see, my dear, he's an idiot"
"Бачиш, мій любий, він ідіот"

"He has delusions about the world"
«У нього є ілюзії щодо світу»

"there isn't anything he can do right"
«Він нічого не може зробити правильно»

"I know," wept Medina-sarote
— Я знаю, — заплакала Медіна-сароте

"But he's better than he was"
«Але він кращий, ніж був»

"for all his trying he's getting better"
«Незважаючи на всі свої зусилля, він стає кращим»

"And he is strong and kind to me"
«І він сильний і добрий до мене»
"stronger and kinder than any other man in the world"
«Сильніший і добріший за будь-яку іншу людину на світі»
"And he loves me. And, father, I love him"
"І він мене любить. І, батьку, я його люблю»
Old Yacob was greatly distressed to find her inconsolable
Старий Яків дуже засмутився, побачивши, що вона невтішна
what made it more distressing is he liked Nunez for many things
що ще більше засмучувало, так це те, що він любив Нуньєса за багато речей
So he went and sat in the windowless council-chamber
І він пішов, і сів у кімнаті ради без вікон
he watched the other elders and the trend of the talk
Він спостерігав за іншими старійшинами і за ходом промови
at the proper time he raised his voice
У належний час він підвищив голос
"He's better than he was when he came to us"
«Він кращий, ніж був, коли прийшов до нас»
"Very likely, some day, we shall find him as sane as ourselves"
"Дуже ймовірно, що коли-небудь ми знайдемо його таким же розсудливим, як і ми самі"
one of the elders thought deeply about the problem
Один зі старійшин глибоко задумався над цією проблемою
He was a great doctor among these people
Він був великим лікарем серед цих людей

he had a very philosophical and inventive mind
Він мав дуже філософський і винахідливий розум
the idea of curing Nunez of his peculiarities appealed to him
ідея вилікувати Нуньєса від його особливостей припала йому до душі
another day Yacob was present at another meeting
Іншого дня Яків був присутній на іншому зібранні
the great doctor returned to the topic of Nunez
великий лікар повернувся до теми Нуньєса
"I have examined Nunez," he said
— Я оглянув Нуньєса, — сказав він
"and the case is clearer to me"
"І справа мені зрозуміліша"
"I think very probably he might be cured"
"Я думаю, що дуже ймовірно, що він може бути вилікуваний"
"This is what I have always hoped," said old Yacob
— Це те, на що я завжди сподівався, — сказав старий Яків
"His brain is affected," said the blind doctor
— У нього уражений мозок, — сказав сліпий лікар
The elders murmured in agreement
Старійшини пробурмотіли на знак згоди
"Now, what affects it?" asked the doctor
«Що ж на це впливає?» — запитав лікар
"This," said the doctor, answering his own question
— Оце, — сказав лікар, відповідаючи на власне запитання
"Those queer things that are called the eyes"
«Ті дивні речі, які називаються очима»
"they exist to make an agreeable indentation in the face"

«Вони існують для того, щоб зробити приємну вм'ятину на обличчі»
"the eyes are diseased, in the case of Nunez"
«очі хворі, у випадку з Нуньєсом»
"in such a way that it affects his brain"
«Так, що це впливає на його мозок»
"his eyes bulge out of his face"
«Його очі випирають з обличчя»
"he has eyelashes, and his eyelids move"
«У нього вії, а повіки ворушаться»
"consequently, his brain is in a state of constant irritation"
«Отже, його мозок перебуває в стані постійного роздратування»
"and so, everything is a distraction to him"
"А отже, все його відволікає"
Yacob listened intently at what the doctor was saying
Яків уважно прислухався до того, що говорив лікар
"I think I may say with reasonable certainty that there is a cure"
«Я думаю, що можу з достатньою впевненістю сказати, що є ліки»
"all we need to do is a simple and easy surgical operation"
«Все, що нам потрібно зробити, це проста і легка хірургічна операція»
"all this involves is removing the irritant eyes"
«Все, що для цього потрібно, – це видалення подразнюючих очей»
"And then he will be sane?"
— І тоді він буде при здоровому глузді?
"Then he will be perfectly sane"
«Тоді він буде при здоровому глузді»

"and he'll be a quite admirable citizen"
"І він буде цілком гідним захоплення громадянином"
"Thank Heaven for science!" said old Yacob
«Слава Богу за науку!» — сказав старий Яків
and he went forth at once to tell Nunez of the good news
І він негайно пішов розповісти Нуньєсу добру новину
But Nunez wasn't quite as enthusiastic about the idea
Але Нуньєс не був у захваті від цієї ідеї
he received the news with coldness and disappointment
Він сприйняв цю новину з холодністю і розчаруванням
"the tone of your voice does not inspire confidence"
«Тон твого голосу не вселяє довіри»
"one might think you do not care for my daughter"
«Можна подумати, що ти не дбаєш про мою дочку»

It was Medina who persuaded Nunez to face the blind surgeons
Саме Медіна вмовила Нуньєса зустрітися віч-на-віч зі сліпими хірургами
"You do not want me," he said, "to lose my gift of sight?"
— Ти ж не хочеш, — сказав він, — щоб я втратив дар зору?
She shook her head
Вона похитала головою
"My world is sight"
«Мій світ – це зір»
Her head drooped lower
Її голова опустилася нижче
"There are the beautiful things"

«Є прекрасне»
"the world is full of beautiful little things"
«Світ сповнений прекрасних дрібниць»
"the flowers and the lichens amidst the rocks"
«Квіти та лишайники серед скель»
"the light and softness on a piece of fur"
«Легкість і м'якість на шматку хутра»
"the far sky with its drifting dawn of clouds"
«Далеке небо з його світанком хмар»
"the sunsets and the stars"
«Захід сонця і зорі»
"And there is you"
"А там ти"
"For you alone it is good to have sight"
«Тільки тобі добре мати зір»
"to see your sweet, serene face sight is good"
«Бачити твоє миле, безтурботне обличчя – це добре»
"to see your kindly lips"
«Бачити твої ласкаві уста»
"your dear, beautiful hands folded together"
«Твої дорогі, красиві руки, складені разом»
"it is these eyes of mine you won"
«Саме ці мої очі ти переміг»
"it is these eyes that hold me to you"
«Саме ці очі притискають мене до тебе»
"but it is these eyes that those idiots seek"
«Але саме цих очей шукають ці ідіоти»
"Instead, I must touch you"
«Замість цього я мушу доторкнутися до тебе»
"I would hear you, but never see you again"
«Я б тебе почула, але більше ніколи не побачу»
"must I come under that roof of rock and stone and darkness?"

— Мушу я зайти під той дах кам'яний, кам'яний і темрявий?

"that horrible roof under which your imaginations stoop"

«Той жахливий дах, під яким сутулиться ваша уява»

"no; you would not have me do that?"

— Ні. Ви б не хотіли, щоб я це зробив?»

A disagreeable doubt had arisen in him

У нього виник неприємний сумнів

He stopped and left the thing in question

Він зупинився і залишив річ, про яку йшлося

she said, "I wish sometimes you would not talk like that"

вона сказала: "Я б хотіла, щоб іноді ти так не розмовляв"

"talk like what?" asked Nunez

«Говори як що?» — запитав Нуньєс

"I know your sight is pretty"

«Я знаю, що твій зір гарний»

"It is your imagination"

«Це твоя уява»

"I love it, but now..."

«Мені це подобається, але тепер...»

He felt cold at the gravity of her words

Йому стало холодно від тяжкості її слів

"Now?" he said, faintly

— Тепер, — ледь чутно спитав він

She sat quite still without saying anything

Вона сиділа зовсім нерухомо, нічого не кажучи

"you think, I would be better without my eyes?"

— Ти думаєш, мені було б краще без очей?

He was realising things very swiftly

Він дуже швидко все усвідомлював

He felt anger at the dull course of fate
Він відчував гнів на тупий хід долі
but he also felt sympathy for her lack of understanding
Але він також відчував співчуття до її нерозуміння
but his sympathy for her was akin to pity
Але його симпатія до неї була схожа на жалість
"Dear," he said to his love
— Дорогий, — сказав він своїй коханій
her spirit pressed against the things she could not say
Її дух тиснув на те, що вона не могла сказати
He put his arms about her and he kissed her ear
Він обійняв її і поцілував у вухо
and they sat for a time in silence
І вони сиділи якийсь час мовчки
"If I were to consent to this?" he said at last
«Якби я погодився на це?» — сказав він нарешті
in a voice that was very gentle
голосом, який був дуже лагідним
She flung her arms about him, weeping wildly
Вона обійняла його, дико заплакавши
"Oh, if you would do that," she sobbed
— Ой, якби ти так зробила, — схлипнула вона
"if only you would do that one thing!"
— Коли б ти тільки це зробив!

Nunez knew nothing of sleep in the week before the operation
Нуньєс нічого не знав про сон за тиждень до операції
the operation that was to raise him from his servitude and inferiority
операція, яка полягала в тому, щоб підняти його з рабства і неповноцінності

the operation that was to raise him to the level of a blind citizen
операція, яка полягала в тому, щоб підняти його до рівня незрячого громадянина
while the others slumbered happily, he sat brooding
Поки інші радісно дрімали, він сидів, задуманий
all through the warm, sunlit hours he wandered aimlessly
Усі теплі, залиті сонцем години він безцільно блукав
and he tried to bring his mind to bear on his dilemma
І він намагався змусити свій розум впоратися зі своєю дилемою
He had given his answer and his consent
Він дав свою відповідь і свою згоду
and still he was not sure if it was right
І все одно він не був упевнений, чи це правильно
the sun rose in splendour over the golden crests
Сонце в пишноті зійшло над золотими гребенями
his last day of vision had began for him
Для нього почався останній день видіння
He had a few minutes with Medina-sarote before she went to sleep
Він провів кілька хвилин з Медіною-сароте, перш ніж вона лягла спати
"Tomorrow," he said, "I shall see no more"
«Завтра,— сказав він,— я більше не побачу»
"Dear heart!" she answered
«Любе серденько!» — відповіла вона
and she pressed his hands with all her strength
І вона щосили тиснула йому на руки
"They will hurt you, but little"
«Вони вам зашкодять, але небагато»
"you are going to get through this pain"

«Ти переживеш цей біль»
"you are going through it, dear lover, for me"
«Ти переживаєш це, дорогий коханий, заради мене»
"if a woman's heart and life can do it, I will repay you"
«Якщо жіноче серце і життя можуть це зробити, я відплачу тобі»
"My dearest one," she said in a tender voice, "I will repay"
— Мій найдорожчий, — сказала вона ніжним голосом, — я відплачу.
He was drenched in pity for himself and her
Він був облитий жалем до себе і до неї
He held her in his arms and pressed his lips to hers
Він тримав її на руках і притискав губи до неї
and he admired her sweet face for the last time
І він востаннє милувався її милим личком
"Good-bye!" he whispered to the dear sight of her
«До побачення!» — прошепотів він дорогому її вигляду
And then in silence he turned away from her
А потім мовчки відвернувся від неї
She could hear his slow retreating footsteps
Вона чула його повільні кроки, що відступали
something in the rhythm of his footsteps threw her into a passion of weeping
Щось у ритмі його кроків кинуло її в пристрасть плачу

He had fully meant to go to a lonely place
Він мав намір піти в самотнє місце
to the meadows with the beautiful white narcissus
На луки з прекрасним білим нарцисом
there he wanted remain until the hour of his sacrifice

Там він хотів залишитися до години своєї жертви
but as he walked he lifted up his eyes
Але, йдучи, він підвів очі свої
and he saw the morning with his sight
І бачив він ранок своїм зором
it was like an angel shining in golden armour
Це було схоже на ангела, що сяяв у золотих обладунках
he truly did love Medina-sarote
він по-справжньому любив Медіну-сароту
he was prepared to give up his sight for her
Він був готовий віддати свій зір заради неї
he was going to live the rest of his life in the valley
Решту життя він збирався прожити в долині
the angel marched down the steeps of the meadows
Ангел ішов по кручах лугів
and it bathed everything in its golden light
І все купало у своєму золотому світлі
without any notice something in him changed
Непомітно щось у ньому змінилося
the country of the blind was no more than a pit of sin
Країна сліпих була не більше ніж ямою гріха
He did not turn aside as he had meant to do
Він не відступив убік, як мав намір
but he went on and passed through the wall
Але він пішов далі і пройшов крізь стіну
from there he went out upon the rocks
Звідти він вийшов на скелі
his eyes were upon the sunlit ice and snow
Його очі дивилися на освітлений сонцем лід і сніг
he saw their infinite beauty
Він бачив їхню безмежну красу
his imagination soared over the peaks

Його уява ширяла над вершинами
his thoughts went to the world he wouldn't see again
Його думки полинули у світ, який він більше не побачить
he thought of that great free world
Він думав про той великий вільний світ
the world that he was prepared to part from
Світ, з яким він був готовий розлучитися
the world that was his own
Світ, який був його власним
and he had a vision of those further slopes
І він мав видіння тих дальших схилів
his mind took him through the valleys he had come from
Його розум провів його через долини, з яких він прийшов
he went along the river into the city
Він пішов уздовж річки в місто
in his mind he could see Bogota
подумки він бачив Боготу
his imagination carried him through the city
Уява пронесла його містом
a place of multitudinous stirring beauty
Місце різноманітної хвилюючої краси
a glory by day, a luminous mystery by night
Слава вдень, світла таємниця вночі
a place of palaces and fountains
місце палаців і фонтанів
a place of statues and white houses
Місце статуй і білих будинків
his mind went with him out the city
Його думки пішли з ним по місту
he followed the journey of a river

Він ішов дорогою річки
the river went through the villages and forests
Річка протікала через села і ліси
a big steamer came splashing by
Повз пролетів великий пароплав
the banks of the river opened up into the sea
Береги річки відкрилися в море
the limitless sea with its thousands of islands
Безмежне море з його тисячами островів
he could see the lights of the islands and the ships
Він бачив вогні островів і кораблів
life continued on each little island
Життя тривало на кожному маленькому острівці
and he thought about that greater world
І він думав про той великий світ
he looked up and saw the infinite sky
Він підвів очі і побачив нескінченне небо
it was not like the sky in the valley of the blind
Це не було схоже на небо в долині сліпих
a small disk cut off by mountains
маленький диск, відрізаний горами,
but, an arch of immeasurably deep blue
але, арка незмірно глибокого синього кольору
and in this he saw the circling of the stars
І в цьому він побачив кружляння зірок
His eyes began to scrutinise the circle of mountains
Його очі почали пильно розглядати коло гір
he looked at it a little keener than he had before
Він дивився на неї трохи пильніше, ніж раніше
"perhaps one could go up that gully"
"Можливо, можна було б піднятися на ту балку"
"from there one could get to that peak"
«Звідти можна було потрапити на ту вершину»

"then one might come out among those pine trees"
"Тоді можна було б вийти між тими соснами"
"the slope past the pines might not be so steep"
«Схил повз сосни може бути не таким крутим»
"and then perhaps that wallface can be climbed"
"І тоді, можливо, на ту стіну можна буде вилізти"
"where the snow starts there will be a river"
«Де сніг почнеться, там буде річка»
"from there there should be a path"
«Звідти має бути стежка»
"and if that route fails, to the East are other gaps"
«І якщо цей шлях не вдався, на Схід є інші прогалини»
"one would just need a little good fortune"
«Потрібно лише трохи удачі»
He glanced back at the village
Він озирнувся на село
but he had to look at it once more
Але він мусив ще раз поглянути на це
he looked down into the country of the blind
Він дивився в країну сліпих
he thought of Medina-sarote, asleep in her hut
він подумав про Медіну-сароте, що спала у своїй хатині
but she had become small and remote to him
Але вона стала маленькою і далекою від нього
he turned again towards the mountain wall
Він знову повернувся до гірської стіни
the wall down which he had come down that day
Мур, з якого він зійшов того дня
then, very circumspectly, he began his climb
Потім, дуже обережно, почав своє сходження
When sunset came he was no longer climbing

Коли настав захід сонця, він уже не піднімався
but he was far and high up the valley
Але він був далеко й високо в долині
His clothes were torn and his limbs were bloodstained
Його одяг був порваний, а кінцівки закривавлені
he was bruised in many places
У багатьох місцях він був у синцях
but he lay as if he were at his ease
Але він лежав так, наче йому було спокійно
and there was a smile on his face
І на його обличчі з'явилася посмішка
From where he rested the valley seemed as if it were in a pit
З того місця, де він відпочивав, долина здавалася немов у ямі
now it was nearly a mile below him
Тепер він був майже на милю нижче за нього
the pit was already dim with haze and shadow
Яма вже тьмяніла від серпанку й тіні
the mountain summits around him were things of light and fire
Гірські вершини навколо нього були предметами світла і вогню
the little things in the rocks were drenched with light and beauty
Дрібниці в скелях були просякнуті світлом і красою
a vein of green mineral piercing the grey
жилка зеленого мінералу, що пронизує сірий
a flash of small crystal here and there
спалах маленького кришталю то тут, то там
a minutely-beautiful orange light close to his face
Прекрасне помаранчеве світло біля його обличчя
There were deep, mysterious shadows in the gorge

В ущелині були глибокі, таємничі тіні
blue deepened into purple, and purple into a luminous darkness
синій поглиблювався в пурпур, а фіолетовий – у світлу темряву
over him was the endless vastness of the sky
Над ним розкинулися безкраї неба
but he heeded these things no longer
Але він уже не зважав на це
instead, he laid very still there
Натомість він лежав дуже нерухомо
smiling, as if he were content now
посміхаючись, наче тепер задоволений
content to have escaped from the valley of the Blind
задоволений тим, що втік з долини сліпих
the valley in which he had thought to be King
долина, в якій він вважав себе царем
the glow of the sunset passed
Пройшло сяйво заходу сонця
and the night came with its darkness
І прийшла ніч зі своєю темрявою
and he lay there, under the cold, clear stars
І лежав він там, під холодними, ясними зорями

The End
Кінець

www.tranzlaty.com

www.ingramcontent.com/pod-product-compliance
Lightning Source LLC
Chambersburg PA
CBHW01195309O526
44591CB00020B/2749